Petit monde vivant

# Les marsupiaux

Bobbie Kalman

*Les marsupiaux* est la traduction de *What is a Marsupial?* de Bobbie Kalman (ISBN 0-86505-955-1).
© 2000, Crabtree Publishing Company, 612 Welland Ave., St. Catharines, Ontario, Canada L2M 5V6

**Traduction** : Nathalie Liao


**Données de catalogage avant publication (Canada)**

Kalman, Bobbie, 1947-

Les marsupiaux

(Petit monde vivant)
Traduction de: What is a marsupial?
Comprend un index.
Pour enfants de 6 à 10 ans.

ISBN 2-920660-71-3

1. Marsupiaux - Ouvrages pour la jeunesse. I. Titre. II. Collection:
Kalman, Bobbie, 1947-    . Petit monde vivant.

QL737.M3K3414 2002          j599.2          C2002-940306-5


Nous reconnaissons l'aide financière du gouvernement
du Canada par l'entremise du Programme d'Aide au
Développement de l'Industrie de l'Édition (PADIÉ)
pour nos activités d'édition.

Le Conseil des Arts | The Canada Council
du Canada | for the Arts

Éditions Banjo remercie
le Conseil des Arts du Canada du soutien
accordé à son programme d'édition dans
le cadre du programme des subventions
globales aux éditeurs.

Cet ouvrage a été publié
avec le soutien de la SODEC.

Gouvernement du Québec – Programme de crédit
d'impôt pour l'édition de livres – Gestion SODEC.


Dépôt légal – Bibliothèque nationale du Québec, 2002
Bibliothèque nationale du Canada, 2002
ISBN 2-920660-**71**-3

Les marsupiaux
© Éditions Banjo, 2002
233, av. Dunbar, bureau 300
Mont-Royal (Québec)
Canada  H3P 2H4
Téléphone: (514) 738-9818 / 1-888-738-9818
Télécopieur: (514) 738-5838 / 1-888-273-5247
Site Internet: www.editionsbanjo.ca

Imprimé au Canada

# Table des matières

# Qu'est-ce qu'un marsupial ?

Les marsupiaux sont des mammifères. Les mammifères sont des animaux à sang chaud, c'est-à-dire que la température de leur corps ne change pas, que l'environnement soit chaud ou froid. Les mères mammifères nourrissent leurs bébés avec le lait fabriqué dans leur corps.

## Trois genres de mammifères

Les mammifères sont divisés en trois groupes : les monotrèmes, les **placentaires** et les marsupiaux. Les monotrèmes pondent des œufs dont l'éclosion donne naissance à des bébés.

Les placentaires et les marsupiaux donnent naissance à des petits complètement formés. Les mammifères placentaires se développent à l'intérieur du corps de leur mère pendant au moins un mois. Grâce à un organe appelé **placenta**, ils reçoivent de la nourriture et de l'**oxygène**.

## Grandir dans une poche

Le bébé marsupial, lui, ne reçoit pas ses nutriments par le placenta. Chez les marsupiaux, la plupart des femelles ont une poche sur leur corps. Après leur naissance, les bébés continuent de grandir dans cette poche.

## Se contenter de peu d'eau

Tous les êtres vivants ont besoin d'eau pour rester en santé. Les animaux boivent l'eau des rivières, des lacs ou des océans situés dans leur habitat ou refuge naturel. En Australie, là où on retrouve la plupart des marsupiaux, le **climat** est chaud et sec; il y a peu de lacs et de rivières où les animaux peuvent boire. Certains animaux australiens ont donc appris à obtenir l'eau dont ils ont besoin en mangeant des feuilles et de l'herbe. D'autres cherchent plutôt à conserver l'eau dans leur corps en étant actifs la nuit. Le fait de chercher leur nourriture quand il fait plus frais permet en effet à ces animaux nocturnes de réduire leur perte d'eau.

◄

*L'opossum de Virginie est le seul marsupial d'Amérique du Nord.*

*Ce kangourou roux se contente de ce filet d'eau. Il faut dire que les kangourous boivent généralement très peu. L'herbe qu'ils mangent fournit l'eau dont leur corps a besoin.*

▼

# L'arbre généalogique des marsupiaux

Il existe plus de 250 espèces de marsupiaux. Le kangourou roux, qui mesure plus de 2 mètres et qui pèse 90 kilogrammes, est le plus grand des marsupiaux alors que le planigale à longue queue est le plus petit.

*Les couscous tachetés mâles présentent des taches, alors que les femelles n'en ont pas.*

*Le kangourou roux mâle a une fourrure rougeâtre, tandis que la femelle a une fourrure bleu-gris.*

## Les cousins végétariens

Bien qu'elles ne se ressemblent pas, les espèces présentées sur cette page font partie de la même famille. Ces marsupiaux sont dits herbivores ou mangeurs de plantes. Certains, comme le koala et le wombat, sont de très proches parents.

*Le koala du Queensland est nommé ainsi car il vit dans cette partie de l'Australie.*

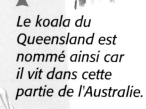

*Les wombats sont des marsupiaux trapus à pattes courtes.*

# Les marsupiaux carnivores

Les marsupiaux de cette page sont tous carnivores, c'est-à-dire qu'ils mangent de la chair. Certains se nourrissent surtout d'insectes alors que d'autres mangent des animaux tels que les lézards, les oiseaux et les petits kangourous.

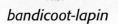

bandicoot-lapin

*Le bandicoot-lapin est le plus proche cousin du bandicoot.*

bandicoot

*La taupe marsupiale forme une espèce à elle seule.*

*Le planigale à museau étroit est une espèce de souris marsupiale.*

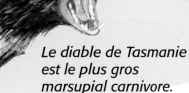

*Le diable de Tasmanie est le plus gros marsupial carnivore.*

*Le numbat passe son temps à chasser ses aliments préférés : les termites et les fourmis.*

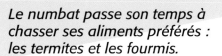

# Le corps des marsupiaux

Les marsupiaux sont de formes et de tailles différentes. Leur corps s'est adapté ou s'est ajusté à leur habitat et à leur nourriture. Certains sont plus grands et plus lourds qu'un humain adulte, alors que d'autres sont si petits qu'ils pourraient tenir dans ta main. Certains possèdent une longue queue pour garder leur équilibre ou pour s'agripper aux branches, mais d'autres n'en ont pas du tout. La bouche de la plupart des petits marsupiaux est munie de dents tranchantes et pointues pour déchirer la chair. Les gros marsupiaux herbivores ont des dents plates et non coupantes.

Les grandes oreilles des kangourous laissent le surplus de chaleur s'échapper de leur corps.

Chez les marsupiaux, la plupart des femelles ont une poche pour transporter leurs bébés. Les mâles, comme ce kangourou gris, n'en possèdent pas.

La longue queue du kangourou lui permet de garder son équilibre. Lorsqu'il se déplace lentement, sa queue et ses pattes avant supportent le poids de son corps et ses pattes arrière basculent vers l'avant.

Les kangourous, les wallaroos et leurs cousins forment un groupe de marsupiaux appelé macropodidés. Ce mot signifie « qui a de grands pieds ».

## Sentir sa proie

Les bandicoots-lapins et les numbats trouvent leur nourriture grâce à leur nez long et pointu. Ils enfouissent leur museau dans le sol et les feuilles mortes pour détecter les insectes et leurs **larves** qu'ils mangeront.b

bandicoot-lapin          numbat

*Pour trouver cette larve d'insecte bien juteuse, cette souris marsupiale se sert de son odorat très développé.*

## Conçu pour l'escalade

Le corps de certains marsupiaux est conçu pour escalader. L'opossum, à droite, possède une queue préhensile, c'est-à-dire capable de saisir un objet. Comme un membre additionnel, cette queue longue et forte aide l'animal à se déplacer sur la cime des arbres.

Les koalas n'ont pas de queue. En revanche, ils se déplacent dans les arbres à l'aide de leurs griffes coupantes qui s'enfoncent dans le tronc. Chacune de leurs pattes avant est munie de deux pouces opposables et chaque patte arrière, d'un pouce. Les pouces opposables permettent à certaines espèces d'animaux de saisir des objets.

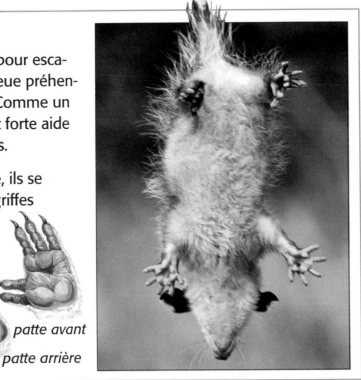

patte avant

patte arrière

# Dans la poche

La poche d'une femelle marsupiale apporte chaleur, protection et nourriture à son bébé. Cependant, toutes les poches ne se ressemblent pas. La poche des kangourous et des opossums est située sur leur ventre et s'ouvre vers l'avant. Par contre, la poche des koalas, des diables de Tasmanie et des wombats s'ouvre vers l'arrière. Certains marsupiaux n'ont pas de poche du tout !

*La poche d'une femelle wombat s'ouvre vers l'arrière pour empêcher la terre de recouvrir le bébé lorsqu'elle creuse le sol.*

## Élever bébé

À sa naissance, le bébé marsupial est minuscule, aveugle, et son corps n'est pas complètement développé. Dès qu'il voit le jour, il doit lui-même remonter jusque dans la poche ventrale de sa mère à l'aide de ses pattes avant. Certaines mères guident leur bébé en traçant le chemin avec la langue.

Une fois qu'il a atteint la poche, le bébé trouve la mamelle et est allaité : sa mère lui donne du lait. Certains marsupiaux, comme les opossums et les souris marsupiales, donnent naissance à une portée, c'est-à-dire à plusieurs bébés. Si la mère a plus de bébés que de mamelles, certains petits vont mourir de faim.

À leur naissance, la plupart des marsupiaux sont de la taille d'un haricot. Cependant, ils grandissent rapidement. À deux mois et demi, ces bébés opossums sont assez grands pour monter sur le dos de leur mère.

Ce bébé kangourou boit le lait maternel à l'intérieur de la poche. Quand la mère saute, le bébé reste fixé à la mamelle qui se gonfle dans sa bouche.

## Les marsupiaux sans poche

En guise de poche, certains marsupiaux possèdent un rabat de peau sur le ventre qui recouvre partiellement le bébé. D'autres, comme cette souris marsupiale, n'ont pas de poche. La mère donne naissance à une grosse portée. Pendant environ cinq semaines, les bébés s'agrippent aux mamelles. Puis, lorsqu'ils deviennent trop grands et trop lourds, la mère leur construit un nid douillet de feuilles, d'herbes et de fleurs pour les garder au chaud et les protéger quand elle part chasser.

# Les kangourous

Les kangourous sont les animaux australiens les plus célèbres. Ils habitent en Australie, en Tasmanie et en Papouasie–Nouvelle-Guinée. Les kangourous roux, les kangourous gris et les wallaroos sont les trois plus grandes espèces de macropodidés.

## L'art de ruminer

Les kangourous sont herbivores. Ils mangent principalement de l'herbe, une substance pauvre en nutriments. Par conséquent, pour obtenir le maximum de nutriments de leur nourriture, ils ruminent. Ils mâchent d'abord l'herbe, l'avalent, la font remonter de leur estomac, puis la mâchent une seconde fois avant de l'avaler pour de bon.

## Bébé à bord

Certaines régions australiennes connaissent des périodes de sécheresse ou de faibles pluies. Durant ces périodes, les kangourous trouvent très peu à manger et à boire. Même si les kangourous adultes boivent habituellement très peu, une femelle transportant un bébé a besoin d'eau pour assurer sa survie et celle du petit qu'elle nourrit.

Après s'être accouplée, la femelle kangourou abrite un œuf **fécondé** dans son corps. S'il y a assez de nourriture et d'eau, l'œuf se développe et devient un bébé. Après la naissance du bébé, la femelle s'accouple à nouveau et abrite un autre œuf. Elle conserve l'œuf fécondé pour être en mesure d'avoir un bébé quand il y aura suffisamment de nourriture.

▲
Les kangourous se reposent souvent à l'ombre durant la période la plus chaude de la journée pour garder leur corps frais et conserver leur énergie. Un oiseau appelé rhipidure a trouvé refuge sur ce kangourou roux qui se prélasse.

◄ Les kangourous mâles se défendent par la boxe, c'est-à-dire en donnant des coups de pattes. Les mâles se battent souvent pour des femelles. Le mâle le plus imposant d'un groupe se battra avec les autres mâles pour prouver qu'il est le plus gros et le plus fort.

# Les cousins kangourous

Bien que les gros kangourous soient les plus connus, on a dénombré plus de 50 espèces de petits kangourous. Les quokkas, les wallabies, les thylogales et les kangourous-rats en sont quelques-unes.

## Les kangourous arboricoles

Les kangourous dits arboricoles vivent dans les arbres. Comparativement aux kangourous qui vivent au sol, ils ont des pattes avant plus longues et des pattes arrière plus courtes. Quand ils construisent leur nid, ils se servent de leur queue pour transporter de l'herbe et des branches. Cependant, leur queue ne peut pas saisir les branches. Grâce à des coussinets durs situés sur la plante de leurs pattes, ils peuvent grimper aux arbres. Bien qu'ils soient arboricoles, ils ne sont pas des grimpeurs rapides et agiles. Ils se déplacent lentement parmi les arbres. Durant le jour, la plupart d'entre eux dorment accroupis sur la fourche d'un arbre.

*Les kangourous arboricoles sont les seuls kangourous à pouvoir bouger une patte arrière à la fois. Ils doivent déplacer une patte après l'autre lorsqu'ils grimpent aux arbres ou en descendent.*

*Les coussinets durs des pattes des wallabies des rochers les aident à escalader les surfaces glissantes.*

## Les wallabies

Les wallabies ressemblent beaucoup aux kangourous roux et aux kangourous gris, mais ils sont plus petits que leurs cousins. Ils vivent en grands groupes appelés bandes.

## Les kangourous-rats

Les kangourous-rats sont appelés ainsi en raison de leur taille qui est similaire à celle d'un rat. On les connaît aussi sous le nom de potorous, un mot aborigène signifiant « kangourou à long nez ».

*Les kangourous-rats déterrent les insectes et les racines des régions broussailleuses.*

# Les koalas

Beaucoup de gens croient que le koala ressemble à un petit ours, or ces animaux sont très différents ! On compte trois espèces de koalas : le koala du Victoria, le koala du Queensland et le koala de la Nouvelle-Galles du Sud. Tous trois sont arboricoles. Les koalas passent presque tout leur temps à dormir, juchés bien haut dans les eucalyptus.

## Des mangeurs de feuilles

Les koalas sont **folivores**, c'est-à-dire qu'ils mangent des feuilles. Les feuilles d'eucalyptus constituent leur nourriture favorite. Ce genre d'aliment étant pauvre en nutriments, ils doivent manger beaucoup de feuilles pour obtenir l'énergie dont ils ont besoin. De plus, ces feuilles contiennent des poisons qui pourraient être nocifs aux autres animaux. Cependant, les koalas, eux, sont capables de digérer ou dégrader ces feuilles dans leur estomac et d'en tirer les nutriments. Les poisons sont éliminés de leur corps.

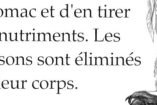

*Haaaaaaaaa… Ce koala bâille de sommeil ! Les koalas se reposent environ vingt heures par jour pour garder leur énergie.*

## Un lien étroit

Les koalas sont des animaux solitaires. Les koalas mâles et femelles passent très peu de temps ensemble, mais la mère koala reste avec son petit au moins une année. Elle le transporte partout où elle va. Elle l'abrite dans sa poche et le nourrit de son lait jusqu'à ce qu'il atteigne six mois.

## La saveur de l'eucalyptus

À six mois, le bébé en croissance grimpe sur le dos de sa mère. Il commence à manger une bouillie verte composée de feuilles d'eucalyptus digérées. C'est ainsi qu'il s'habitue au goût de l'eucalyptus. Jusqu'à l'âge de un an, le bébé se nourrit de lait maternel et de bouillie d'eucalyptus.

# Les wombats

Les wombats sont des marsupiaux trapus et bas qui vivent dans des terriers, sorte d'abris dans la terre. Ces abris les aident à se rafraîchir l'été et à se réchauffer l'hiver.

Pour les wombats, le terrier est un endroit sécuritaire. En bloquant l'entrée du terrier avec leur derrière, ils se protègent de leurs **prédateurs**. Si un prédateur essaie d'entrer dans le terrier, le wombat écrase la tête de son ennemi contre le plafond de son abri.

Les wombats mangent principalement de l'herbe sèche et coriace. Ils broient leurs aliments en minuscules morceaux pour en tirer tous les nutriments. Les incisives ou dents avant de l'animal poussent tout au long de sa vie. Elles ne risquent donc pas de s'user au point de disparaître. Les wombats sont les seuls marsupiaux à posséder de telles dents.

*Cette femelle wombat transporte un bébé dans sa poche. Elle contracte les muscles de la poche pour y garder le bébé et les relâche pour lui permettre d'en sortir. Le bébé respire l'air qui circule dans la poche.*

# Dans le dédale

Plusieurs terriers sont reliés par des tunnels pour former un dédale. Certains dédales de wombats mesurent jusqu'à 30 mètres ! Jusqu'à dix wombats peuvent habiter dans le dédale, mais les animaux passent peu de temps ensemble. Ils défendent énergiquement leur territoire. Si un mâle wombat en rencontre un autre, c'est souvent la bataille !

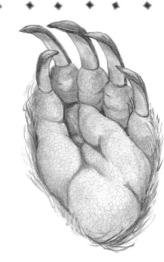

*La patte d'un wombat est large et plate. Elle est munie de longues griffes recourbées, utiles pour creuser.*

*Le corps d'un wombat est adapté à la construction des terriers. En plus d'utiliser ses puissantes pattes avant, il se sert de sa grosse tête et de ses larges épaules pour creuser et élargir l'ouverture de son terrier.*

# Les opossums

Les opossums peuvent s'adapter à n'importe quel habitat. Ils vivent en Amérique du Nord, en Amérique du Sud, en Amérique centrale, en Australie et en Nouvelle-Guinée. Beaucoup de ces marsupiaux habitent près des humains.

## Faire le mort

Quand un opossum est effrayé, il s'étend de tout son long, ne bouge plus et respire lentement. Ce comportement trompe ses ennemis, qui le croient mort. Si l'opossum a de la chance, le prédateur ne s'intéressera plus à lui et s'en ira. Il peut faire le mort pendant quatre heures.

## Les humains, un danger

Souvent, les voitures frappent et tuent des opossums. Lorsqu'une femelle opossum est frappée par une automobile, elle peut en mourir, mais les bébés à l'intérieur de sa poche peuvent survivre. Toutefois, ils ne vivront pas longtemps, à moins qu'on ne les apporte à un hôpital vétérinaire où l'on en prendra soin.

*Les opossums vivent presque toujours dans les arbres. Leurs griffes et leur queue leur permettent de s'accrocher aux branches et d'attraper la nourriture hors d'atteinte.*

*Ce minuscule opossum pygmée se délecte souvent du nectar des fleurs, mais les insectes et les araignées sont ses aliments favoris.*

# Les phalangers volants

Les phalangers volants planent d'un arbre à l'autre. Pour « voler », ils sautent d'un arbre et déploient leur patagium, une membrane de peau située de chaque côté de leur corps et qui ressemble à un cerf-volant. Une fois dans l'air, le phalanger volant se dirige à l'aide de ses pattes et de sa queue. Il atterrit sur ses quatre pattes.

Les phalangers sont omnivores. Ils mangent des plantes et des animaux, incluant les insectes, le nectar de fleurs et la sève des arbres. Pour obtenir la sève, ils grattent l'écorce avec leurs griffes coupantes et attendent que la sève coule. Souvent, celle-ci coule si lentement qu'il leur faut attendre au lendemain pour la savourer !

# Les bandicoots

Les bandicoots sont de petits marsupiaux vivant dans la brousse australienne. De tous les marsupiaux, ce sont eux qui demeurent le moins longtemps dans le corps de leur mère. Après s'être développés pendant seulement 12 jours, ils se déplacent vers la poche de leur maman.

Chaque bandicoot possède son territoire, c'est-à-dire une zone où il chasse et où il construit son nid. Les mâles défendent leur territoire contre les autres mâles en les mordant, en les griffant et en leur donnant des coups.

La plupart des bandicoots sont omnivores. Les insectes, les limaces, les escargots, les vers de terre, les petits lézards et les rongeurs, de même que les baies et les plantes, constituent leur repas. Certains, comme le bandicoot rayé de l'Est ci-dessus, possèdent un long museau servant à trouver la nourriture dans le sol et le bois mort. Ils creusent des trous avec les griffes tranchantes de leurs pattes avant et se délectent d'insectes et de larves qu'ils trouvent à l'aide de leur nez pointu.

# Le bandicoot-lapin

En Australie, le bandicoot-lapin est un animal très apprécié. Les Australiens lui donnent un surnom affectueux à cause de son nez rose. Au lieu du lapin de Pâques, c'est le bandicoot-lapin qui cache les œufs et qui apporte de petits cadeaux aux enfants australiens. Peu de bandicoots-lapins vivent aujourd'hui en Australie. Les renards et les chats sauvages en ont tué beaucoup. Les bandicoots-lapins doivent aussi entrer en compétition avec les lapins et le bétail pour trouver leur nourriture.

Comme les wombats, ils creusent des terriers. Leurs puissantes pattes avant et leurs griffes coupantes leur permettent de creuser des tunnels longs et profonds. Toutefois, contrairement aux wombats, ils ne partagent pas leur terrier avec d'autres bandicoots-lapins. Ce n'est que pendant la saison des amours, c'est-à-dire la courte période où le mâle et la femelle s'accouplent, que le bandicoot-lapin partage son terrier. Par la suite, la femelle donne naissance à un seul bébé avec qui elle partage son terrier.

*La longue langue du bandicoot-lapin lui permet d'extraire des insectes, des larves, des graines et des champignons du sol. Lorsqu'il mange, il avale beaucoup de sable.*

# Le numbat

Les numbats sont les seuls marsupiaux à être vraiment diurnes, c'est-à-dire actifs pendant le jour. La plupart des autres marsupiaux se reposent ou dorment le jour pour éviter la chaleur du soleil. Les numbats mangent pendant presque toute la journée. La nuit, ils dorment dans le creux d'un tronc, dans un nid de feuilles, d'écorce et d'herbe. Pour se protéger des prédateurs comme les rapaces, ces petits marsupiaux se cachent dans leur nid.

Les fourmis et les termites sont les aliments favoris du numbat. Quand il trouve un nid de fourmis, le numbat en retire le dessus et expose les insectes. Puis, avec sa longue langue collante, il attrape ses **proies**. Les grosses termitières, l'habitat des termites, sont beaucoup trop solides pour être défaites. Dans ce cas, le numbat cherche les termites dans les fentes avec sa langue ou il attend que les insectes sortent de la termitière.

*Les numbats sont facilement reconnaissables à leur fourrure rayée. On les appelle aussi « fourmiliers marsupiaux rayés » à cause de leurs rayures et de leurs habitudes alimentaires.*

# Les souris marsupiales

Les souris marsupiales sont bien mignonnes, mais elles sont des prédateurs féroces ! La nuit, elles émergent de leur trou d'arbre pour chasser. Les coléoptères, les araignées et les blattes font partie de leur alimentation. Comme les gros prédateurs, les souris marsupiales possèdent des dents pointues et tranchantes capables de déchirer la chair. Les scientifiques qui étudient ces souris se font souvent mordre les doigts !

## Une vie courte

De nombreuses souris marsupiales vivent une vie très courte. Durant la saison des amours, les mâles de certaines espèces cessent de se nourrir et passent leur temps à chercher une femelle. Une fois qu'ils se sont accouplés, ils sont très affaiblis. Comme leur corps est trop faible pour combattre la maladie et les **parasites**, ils en viennent à mourir. La plupart des femelles restent en santé et peuvent vivre assez longtemps pour donner naissance à une deuxième portée l'année suivante.

*Cette mère construit un nid sec et douillet pour ses petits. Elle les protège des prédateurs tels que les chouettes et les serpents.* ▶

▲ *La plupart des souris marsupiales sont d'excellentes chasseuses. Elles s'attaquent à des insectes de leur taille et même plus gros ! Ce planigale mord dans une grosse sauterelle bien juteuse.*

# Le diable de Tasmanie

On les appelle diables de Tasmanie, car ils ont une apparence effrayante et un cri perçant. Ces marsupiaux vivent dans les forêts tropicales de la Tasmanie, une île faisant partie de l'Australie. Ces animaux solitaires ne vivent ensemble que lorsque la femelle s'occupe de sa portée. Une fois devenus assez grands pour vivre à l'extérieur de la poche, les petits sont transférés dans un nid de feuilles et d'herbes.

Quand les diables de Tasmanie sont excités, tout le monde le sait ! D'abord, ils tapent du pied et montrent leurs dents. Puis, leurs oreilles rougissent et ils émettent un cri à faire peur. Pour paraître plus forts et plus effrayants, ils se placent de côté et tournent brusquement pour faire face à leur ennemi en montrant leurs dents. Ils se déplacent si rapidement qu'ils semblent tourner en rond. La plupart des animaux évitent d'affronter de tels diables !

## Qu'y a-t-il au menu ?

Les diables de Tasmanie ne sont pas des chasseurs habiles. Leurs faibles pattes arrière ne leur permettent pas de courir assez vite pour attraper leurs proies. Ils attendent plutôt qu'un autre animal tue une proie. Puis, une fois le chasseur parti, ils se nourrissent de la carcasse de l'animal. Leurs mâchoires sont parmi les plus puissantes du monde animal. Ces marsupiaux peuvent mordre presque n'importe quoi, même un fil de fer. Ils mangent toutes les parties de leurs proies, y compris les os.

*Les diables de Tasmanie ont une alimentation très variée. Ils mangent des insectes, des fruits, des ordures, des œufs de petits mammifères, des oiseaux et des reptiles.*

## C'est MON repas !

Pour obtenir leur nourriture, les diables de Tasmanie se battent. Ils hurlent et grondent pour effrayer les autres animaux, y compris les autres diables. Si ces tactiques de peur ne fonctionnent pas, ils attaquent. Leurs mâchoires puissantes peuvent causer des blessures doulou- reuses et même mortelles.

*Ce diable mange un thylogale, une espèce de petit kangourou. Les diables de Tasmanie peuvent même manger un des leurs !*

# Les dasyures

Il existe quatre espèces de dasyures : le dasyure de l'Est, le dasyure de l'Ouest, le dasyure du Nord et le dasyure à queue mouchetée. À cause de leur ressemblance avec les chats domestiques, les premiers colons venus s'installer en Australie les ont nommés « chats indigènes ». Les dasyures vivent au sol, bien que le dasyure à queue mouchetée, grâce à ses coussins plantaires striés, puisse escalader les arbres et y chasser.

La caractéristique des dasyures est leur fourrure tachetée. Ces taches leur servent de **camouflage**. La plupart d'entre eux sont bruns et tachetés de blanc, mais certains sont noir et blanc. Le dasyure à queue mouchetée est la seule espèce à avoir des taches sur la queue.

*Le dasyure à queue mouchetée, ci-dessus, est le plus gros marsupial carnivore vivant sur le continent australien. Les dasyures sont des chasseurs agiles qui capturent de petits oiseaux, des reptiles, des mammifères et des insectes. Ils déchirent leurs proies avec leurs dents pointues et leurs griffes.*

# La taupe marsupiale

La taupe marsupiale est si différente des autres marsupiaux que les scientifiques ne s'entendent pas sur la famille à laquelle elle appartient ! On en sait très peu sur cet animal. La plupart du temps, la taupe marsupiale vit cachée sous terre et creuse le sable léger de son habitat quasi désert.

La taupe marsupiale possède deux griffes plates sur chacune de ses pattes avant. Elles servent à creuser la terre. Un bouclier corné protège son nez. Cet animal est aveugle — vivre sous terre ne nécessite pas une bonne vue. Pour se nourrir, elle recherche les larves d'insectes dans le sol.

*La poche de la taupe marsupiale s'ouvre vers l'arrière pour ne pas se remplir de sable quand elle creuse. À mesure que la taupe creuse ses galeries, elles s'effondrent. Il est presque impossible de trouver un terrier de taupe marsupiale !*

# Des espèces menacées

*À mesure que la population augmente, les humains occupent des terres qui appartenaient autrefois aux animaux. Ces kangourous partagent leur pâturage avec des golfeurs.*

Avant l'arrivée des colons européens en Australie, la plupart des mammifères qui vivaient dans ce pays étaient des marsupiaux. Peu d'animaux les chassaient. Mais les colons apportèrent de nouvelles espèces comme les renards, les chiens et les chats, et ces animaux commencèrent à s'attaquer aux marsupiaux. Au fil du temps, beaucoup d'espèces de marsupiaux ne purent se défendre contre ces nouveaux prédateurs et devinrent ainsi des espèces **en voie d'extinction** ou **éteintes**.

## Des voisins encombrants

Les kangourous et le bétail nécessitent de grands espaces pour paître. Certains fermiers tuent même les kangourous pour les empêcher d'entrer en compétition avec les troupeaux de moutons et de vaches pour leur nourriture. Aujourd'hui, des lois protègent les kangourous des chasseurs.

## Disparu pour toujours

Le plus gros marsupial carnivore était le thylacine ou loup de Tasmanie. Les thylacines chassaient surtout les petits kangourous. Lorsque les Australiens commencèrent à élever des moutons, les thylacines s'attaquèrent à ces bêtes. Pour protéger leurs troupeaux, les éleveurs tuèrent des milliers de thylacines. Les scientifiques croient également que beaucoup d'entre eux moururent de maladie.

*La chasse et la maladie ont causé l'extinction du thylacine.*

## Brûler la terre en parcelles

Il y a de nombreuses années, les **aborigènes** d'Australie chassaient les wallabies-lièvres. Ils brûlaient alors des parcelles de terre recouvertes d'herbe sèche pour permettre la croissance de nouvelles pousses. La nuit, quand les wallabies venaient pour manger les nouvelles pousses, les aborigènes les attrapaient. Ces derniers ne tuaient que les animaux dont ils avaient besoin.

En 1788, les colons européens arrivèrent en Australie, ce qui força les aborigènes à modifier leur mode de vie. Ils arrêtèrent de brûler des parcelles de terre et l'herbe devint de plus en plus sèche et de plus en plus haute. Hélas, les feux de forêt brûlèrent toute l'herbe. Beaucoup d'animaux qui vivaient sur ces terres, dont les wallabies, moururent. Aujourd'hui, de nombreux aborigènes recommencent à brûler la terre en parcelles. C'est ainsi que la population de certaines espèces de marsupiaux s'est mise à croître.

## Sauver l'habitat des marsupiaux

Quand des arbres sont abattus pour leur bois ou que les villes s'étendent sur de plus en plus de terres, des habitats de marsupiaux sont détruits. Les animaux ne peuvent plus trouver leur nourriture ou se protéger dans un abri. Ils deviennent une espèce menacée. Les organisations de protection des animaux comme la Fondation australienne du koala visent à préserver les habitats des marsupiaux et à protéger ces animaux.

*Certains marsupiaux comme ce wombat vivent dans des réserves ou des parcs où les animaux et leurs habitats sont protégés.*

# Glossaire

**aborigène**   Nom donné aux autochtones de l'Australie

**camouflage**   Couleurs ou motif aidant un animal à se cacher de ses ennemis

**climat**   Temps qu'il fait habituellement dans une région donnée

**en voie d'extinction**   Décrit une espèce animale sur le point de disparaître

**éteint**   Décrit une plante ou un animal qui n'existe plus

**fécondé**   Décrit un œuf qui est prêt à se développer en un bébé

**folivore**   Animal qui mange surtout les feuilles et les tiges des plantes

**larve**   Forme embryonnaire de certains insectes ressemblant à celle d'un ver

**oxygène**   Gaz présent dans l'air respiré par les animaux et les plantes

**parasite**   Créature qui se nourrit du corps d'un autre animal

**placenta**   Organe situé dans le corps d'un mammifère femelle et qui fournit les nutriments et l'air dont le bébé a besoin pour se développer

**placentaire**   Décrit un animal qui, avant sa naissance, se développe entièrement dans le corps de sa mère par l'intermédiaire du placenta

**prédateur**   Animal qui tue et mange d'autres animaux

**proie**   Animal qui est chassé et mangé par un autre animal

# Index